KB037292

비 해피 영어단어 ⑥-1

- 초등학교 6학년용 쓰기 단어장 1 -

최종수 엮음

YMS미디어

머리말

여러분은 앞으로 영어에 대해서는 걱정할 것이 하나도 없습니다. 왜냐하면, 이 책으로 착실하게 공부하면 자신도 놀랄 만큼 탄탄한 영어의 기본 실력을 갖추게 되기 때문입니다. 그리고 앞으로 영어공부를 어떻게 해야 하는지도 스스로 알게 되기 때문입니다.

이 책은 45일 동안에 90개 단어를 쓰면서 외우게 되어 있습니다. 또한, 6학년 한 해 동안 6-1부터 6-4까지 네 권을 공부하므로 1년에 180여 일 동안 모두 360개의 단어를 외우게 되는 것입니다. 이렇게 매일 쓰면서 단어를 익히는 까닭은, 쓰면서 외우는 것이 단어 공부에 있어서 최고의 방법이며, 또한 단어를 외우는 것은 영어 공부의 기초 중의 기초이기 때문입니다. 그렇게 영어를 외우는 동안 여러분은 자연스레 영어의 구조와 원리를 깨달아 영어와 아주 가까워지게 됩니다.

이 책은 매일 한 쪽씩 10분 안팎에서 쓰면서 외우도록 되어 있습니다. 하루 10분이란 결코 많은 시간은 아닙니다. 그러나 그것도 꾸준히 하기란 쉬운 일이 아닙니다. 따라서 꼭 공부라 생각하지 말고 습관적으로 반복하는 단순한 일이라고 쉽게 생각하여야 합니다. 그러나 단어를 외우는 그 10여 분 동안만은 정신을 집중하여 열심히 하여야 합니다. 그렇게 하루하루 반복하다 보면 어느새 한 권, 두 권, 1년 동안 영어 단어를 배우게 되는 것입니다.

1년 동안에 비록 360개의 단어를 외우는 것이지만 그 단어들을 잊지 않고 잘 기억하고 있으면 영어에 대해 확실한 자신감을 가지게 됩니다. 자신감이 생기면 자연스레 영어와 친해지고 다음에는 무엇을 배울까 하는 흥미도 가지게 됩니다. 그렇게 되면 영어가 이미 힘든 공부가 아니라 생활의 일부분이 되어버린 것입니다. 앞으로의 영어 공부에 대해서는 오직 밝고 편안한 미래가 있을 뿐입니다.

이제부터 영어 단어를 확실하게 외우는 습관을 가지도록 합시다. 그래서 공부하는 시간은 줄이면서 실력을 높이도록 합시다. 영어를 잘 한다는 것은 결코 어려운 일이 아닙니다. 기초만 차근차근 잘 익히면 되는 일입니다.

2004년 가을에 엮은이 드림

차례

알아두기

✳ 발음기호

우리말 한글에는 발음기호라는 것이 없으며 글자 모양대로 읽어서 소리를 내면 됩니다. 그러나 영어에는 발음기호라는 것이 있어 모든 말은 발음기호에 따라 소리를 내야 합니다. 발음기호에는 영어의 글자와는 모양이 다른 것이 있으므로 따로 익혀야 합니다. 그리고 [   ] 안에 표시합니다. 또한 영어도 한글과 마찬가지로 자음과 모음이 있습니다.

영어에는 우리말에는 없는 액센트라는 것이 있습니다. 강하게 발음하라는 뜻입니다. 액센트는 모음에만 붙는데 [´] 로 표시하는 제 1액센트와 [`] 로 표시하는 제 2액센트가 있습니다. 제 1액센트를 더 강하게 발음합니다.

한편, 이탤릭체(옆으로 흘려 쓴 모양)로 표시한 것은 발음을 해도 되고 안 해도 되는 것입니다.

① 모음

한글의 기본 모음은 '아야어여오요우유으이' 입니다. 영어의 모음은 'a, e, i, o, u' 입니다. 그런데 영어에서 모음에 대한 발음기호는 상당히 많습니다. 여기에서는 'a, e, i, o, u' 순서로, 그 안에서 입모양이 가장 크게 벌어지는 것부터 차차 작아지는 순서대로 발음기호를 적었습니다. 그리고 길게 발음하는 것은 [:]로 표시하였습니다.

발음기호	한글 발음	보기	발음	발음기호	한글 발음	보기	발음
ai	아이	sky	[skai]	ei	에이	name	[neim]
au	아우	out	[aut]	i	이	it	[it]
ɑ	아	hot	[hɑt]	iː	이ː	sea	[siː]
ɑː	아ː	palm	[pɑːm]	iər	이어르	ear	[iər]
æ	애	map	[mæp]	ɔ | ɑ	오 | 아	ox	[ɔks | ɑks]
ʌ	어	up	[ʌp]	ɔː	오ː	all	[ɔːl]
ə	어	again	[əgein]	ɔi	오이	boy	[bɔi]
ər	어르	tiger	[taigər]	ou	오우	know	[nou]
əːr	어ː르	bird	[bəːrd]	u	우	foot	[fut]
ɛər	에어르	air	[ɛər]	uː	우ː	two	[tuː]
e	에	end	[end]	uər	우어르	our	[auər]

❷ 자음

한글의 기본 자음은 'ㄱㄴㄷㄹㅁㅂㅅㅇㅈㅊㅋㅌㅍㅎ'입니다. 영어의 자음은 알파벳 26자 가운데 모음 'a, e, i, o, u'와 반모음 'w, y'를 뺀 나머지가 자음입니다. 그러나 아래 발음기호에는 반모음 'w, y'를 포함하였습니다. 알파벳 순으로 발음기호를 적었습니다.

발음기호	한글 발음	보기	발음	발음기호	한글 발음	보기	발음
b	브	bed	[bed]	p	프	play	[plei]
d	드	desk	[desk]	r	르	rain	[rein]
ð	드	this	[ðis]	s	스	snow	[snou]
f	프	fire	[faiər]	ʃ	쉬	she	[ʃiː]
g	그	garden	[gɑːrdn]	t	트	top	[tɑp]
h	흐	house	[haus]	tʃ	츠	chair	[tʃɛər]
dʒ	즈	joy	[dʒɔi]	θ	드	think	[θiŋk]
k	크	call	[kɔːl]	v	브	very	[veri]
l	르	leg	[leg]	w	와	way	[wei]
m	므	man	[mæn]	j	이	yes	[jes]
n	느	note	[nout]	z	즈	zoo	[zuː]
ŋ	ㅇ	sing	[siŋ]	ʒ	즈	treasure	[treʒər]

✳ 품사

한글이나 영어에서 모든 단어는 품사로 구분할 수 있습니다. 품사란 그 단어가 어떤 성격인지를 말하는 것입니다. 특히 외국어를 배울 때에는 단어의 품사가 무엇인지 알아두는 것이 필요합니다. 영어의 품사는 보통 아래와 같이 나눕니다.

① 명사

어떤 사람이나 물건의 이름을 말합니다. 하늘, 구름, 물, 불, 아버지, 선생님 등이 모두 명사입니다.

② 대명사

명사를 대신하여 간단히 불러주는 것을 대명사라 합니다. 이 사람, 그 사람, 이것, 저것 등을 대명사라 합니다.

③ 동사

어떤 물체가 움직이는 동작을 말합니다. 과거, 현재, 미래 등 시간에 따라 모양이 변합니다. 이 동사를 어떻게 잘 쓰는가 하는 것이 앞으로의 영어 학습에서 중요한 일입니다. 먹다, 자다, 일하다, 놀다, 말하다, 알다 등이 동사입니다.

④ 형용사

명사를 꾸며주는 말입니다. 아름답다, 바쁘다, 크다, 작다, 밝다, 넓다 등이 형용사입니다.

⑤ 부사

형용사나 동사 또는 다른 부사를 꾸며주는 말입니다. 대단히, 너무, 그렇게, 멀리 같은 말들이 부사입니다. -ly로 끝나는 단어는 거의 다 부사입니다.

⑥ 전치사

우리말에는 없습니다. 명사 앞에서 쓰이며 다른 난어와의 관계를 니디냅니다. 우리말의 토씨와 비슷하게 쓰입니다. ~의, ~ 안에, ~로부터, ~까지 등이 있습니다.

⑦ 접속사

우리말에는 없는 것입니다. 단어나 문장을 연결해 줍니다. 그리고, 그러나, 그러면 등이 있습니다.

⑧ 감탄사

감정을 나타내는 말로서 한 마디로 표현을 끝내기도 합니다. 오, 아, 야, 세상에 등이 있습니다.

영어에서는 한 단어가 여러 품사로 쓰이는 경우가 많이 있습니다. 그러나 여기에서는 가장 대표적인 품사만 썼습니다. 그리고 명사는 ㈛, 동사는 ㈐, 형용사는 ㈝ 등으로 표시하였습니다.

비 해피 영어단어 ⑥-1

쓰면서 외우기

이 책에는 모두 15개의 유닛이 있고, 한 유닛에는 여섯 개의 단어가 있습니다.
한 유닛으로는 사흘간 공부합니다. 첫째 날과 둘째 날은 단어 세 개를 쓰면서 외우고
셋째 날은 지난 이틀 동안 배운 여섯 단어를 복습합니다.

열다섯 개의 유닛이 모두 끝나면 테스트를 치릅니다.
테스트는 한 문제에 5점씩 100점 만점으로 계산하여 80점 이상 되어야 합니다.
답이 틀린 단어는 반드시 다시 외워야 합니다.

 단어를 외울 때에는 꼭 아래와 같이 해야 합니다.

① 하루에 한 쪽씩 씁니다.
② 공부하는 날의 날짜를 오른쪽 위에 적습니다.
③ 영어와 한글을 번갈아 소리 내어 읽으면서 씁니다.
④ 첫 번째 줄은 희미한 글씨 위에 덧쓰고, 둘째 줄부터는 밑줄 위에 한 단어씩 또박또박 씁니다.

Unit 1

명사

집

living room [líviŋrù:m] [리빙룸]

명 거실.

dining room [dáiniŋrù:m] [다이닝룸]

명 식당.

bed room [bédrù:m] [베드룸]

명 침실.

bath room [bǽθrù:m] [배스룸]

명 욕실.

attic [ǽtik] [애틱]

명 다락방.

neighbor [néibər] [네이버]

명 이웃.

living room [líviŋrùːm] [리빙룸] 명 거실.

dining room [dáiniŋrùːm] [다이닝룸] 명 식당.

bed room [bédrùːm] [베드룸] 명 침실.

bath room [bǽθrùːm] [배스룸] 명 욕실.

-----

attic [ǽtik] [애틱] 명 다락방.

-----

neighbor [néibər] [네이버] 명 이웃.

-----

living room   [líviŋrùːm] [리빙룸] 몡 **거실.**

---

dining room   [dáiniŋrùːm] [다이닝룸] 몡 **식당.**

---

bed room   [bédrùːm] [베드룸] 몡 **침실.**

---

bath room   [bǽθrùːm] [배스룸] 몡 **욕실.**

---

attic   [ǽtik] [애틱] 몡 **다락방.**

---

neighbor   [néibər] [네이버] 몡 **이웃.**

내 방

comic [kámik] [카믹]
명 만화.

picture [píktʃər] [픽처]
명 그림.

dictionary [díkʃənèri] [딕셔네리]
명 사전.

novel [návəl] [나블]
명 소설.

pillow [pílou] [필로]
명 베개.

secret [síːkrit] [시크릿]
명 비밀.

comic [kámik] [카믹] 명 만화.

---

picture [píktʃər] [픽처] 명 그림.

---

dictionary [díkʃənèri] [딕셔네리] 명 사전.

novel [nάvəl] [나블] 명 소설.

pillow [pílou] [필로] 명 베개.

secret [síːkrit] [시크릿] 명 비밀.

comic　[kámik]　[카믹]　⑲ 만화.

picture　[píktʃər]　[픽처]　⑲ 그림.

dictionary　[díkʃənèri]　[딕셔네리]　⑲ 사전.

novel　[návəl]　[나블]　⑲ 소설.

pillow　[pílou]　[필로]　⑲ 베개.

secret　[síːkrit]　[시크릿]　⑲ 비밀.

몸

brain [brein] [브레인]
⑲ 두뇌.

trunk [trʌŋk] [트렁크]
⑲ 몸통.

palm [pɑːm] [팜]
⑲ 손바닥.

nail [neil] [네일]
⑲ 손톱, 발톱.

toe [tou] [토]
⑲ 발가락.

health [helθ] [헬스]
⑲ 건강.

brain [brein] [브레인] 몡 두뇌.

----

trunk [trʌŋk] [트렁크] 몡 몸통.

----

palm [pɑːm] [팜] 몡 손바닥.

----

nail   [neil]   [네일]   명 **손톱, 발톱.**

toe   [tou]   [토]   명 **발가락.**

health   [helθ]   [헬스]   명 **건강.**

brain   [brein] [브레인] 명 두뇌.

trunk   [trʌŋk] [트렁크] 명 몸통.

palm   [pɑ:m] [팜] 명 손바닥.

nail   [neil] [네일] 명 손톱, 발톱.

toe   [tou] [토] 명 발가락.

health   [helθ] [헬스] 명 건강.

장신구

watch [wɑtʃ] [와치]

명 손목시계.

ring [riŋ] [링]

명 반지.

necklace [néklis] [넥클리스]

명 목걸이.

earing [íəriŋ] [이어링]

명 귀걸이.

glasses [glǽsiz] [글래시즈]

명 안경.

pocket [pákit] [파킷]

명 주머니.

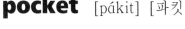

watch [wɑtʃ] [와치] 몡 손목시계.

ring [riŋ] [링] 몡 반지.

necklace [néklis] [넥클리스] 몡 목걸이.

earing   [íəriŋ]   [이어링]   몡 귀걸이.

glasses   [glǽsiz]   [글래시즈]   몡 안경.

pocket   [pάkit]   [파킷]   몡 주머니.

watch   [wɑtʃ] [와치]   몡 **손목시계.**

ring   [riŋ] [링]   몡 **반지.**

necklace   [néklis] [넥클리스]   몡 **목걸이.**

earing   [íəriŋ] [이어링]   몡 **귀걸이.**

glasses   [glǽsiz] [글래시즈]   몡 **안경.**

pocket   [pákit] [파킷]   몡 **주머니.**

학교

bell [bel] [벨]

몡 종.

ground [graund] [그라운드]
몡 운동장.

vacation [veikéiʃən] [베이케이션]

몡 방학.

classroom [klǽsrù(:)m] [클래스룸]

몡 교실.

classmate [klǽsmèit] [클래스메이트]
몡 급우.

memory [méməri] [메머리]
몡 추억.

bell   [bel]   [벨]   몡 종.

ground   [graund]   [그라운드]   몡 운동장.

vacation   [veikéiʃən]   [베이케이션]   몡 방학.

classroom　[klǽsrù(:)m]　[클래스룸]　몡 교실.

classmate　[klǽsmèit]　[클래스메이트]　몡 급우.

memory　[méməri]　[메머리]　몡 추억.

bell [bel] [벨] 명 종.

---

ground [graund] [그라운드] 명 운동장.

---

vacation [veikéiʃən] [베이케이션] 명 방학.

---

classroom [klǽsrù(:)m] [클래스룸] 명 교실.

---

classmate [klǽsmèit] [클래스메이트] 명 급우.

---

memory [méməri] [메머리] 명 추억.

도 구

drill [dril] [드릴]

명 송곳.

driver [dráivər] [드라이버]

명 드라이버.

hook [huk] [훅]

명 갈고리.

axe [æks] [액스]

명 도끼.

sack [sæk] [색]

명 자루.

scale [skéil] [스케일]

명 저울.

drill   [dril]   [드릴]   명 송곳.

driver   [dráivər]   [드라이버]   명 드라이버.

hook   [huk]   [훅]   명 갈고리.

axe [ǽks] [액스] 명 도끼.

sack [sæk] [색] 명 자루.

scale [skéil] [스케일] 명 저울.

drill   [dril] [드릴] 명 송곳.

driver   [dráivər] [드라이버] 명 드라이버.

hook   [huk] [훅] 명 갈고리.

axe   [æks] [액스] 명 도끼.

sack   [sæk] [색] 명 자루.

scale   [skéil] [스케일] 명 저울.

언 어

alphabet [ǽlfəbèt] [앨퍼벳]
명 자모.

accent [ǽksent] [액센트]
명 강세.

lie [lai] [라이]
명 거짓말.

speech [spi:tʃ] [스피치]
명 말, 연설.

language [lǽŋgwidʒ] [랭귀지]
명 언어, 국어.

message [mésidʒ] [메시지]
명 전하는 말.

alphabet [ǽlfəbèt] [앨퍼벳] 몡 자모.

accent [ǽksent] [액센트] 몡 강세.

lie [lai] [라이] 몡 거짓말.

speech　[spiːtʃ]　[스피치]　몡 말, 연설.

language　[lǽŋgwidʒ]　[랭귀지]　몡 언어, 국어.

message　[mésidʒ]　[메시지]　몡 전하는 말.

alphabet　[ǽlfəbèt]　[앨퍼벳]　몡 자모.

accent　[ǽksent]　[액센트]　몡 강세.

lie　[lai]　[라이]　몡 거짓말.

speech　[spiːtʃ]　[스피치]　몡 말, 연설.

language　[lǽŋgwidʒ]　[랭귀지]　몡 언어, 국어.

message　[mésidʒ]　[메시지]　몡 전하는 말.

계획

plan [plæn] [플랜]

⑲ 계획.

level [lévəl] [레블]

⑲ 수준.

schedule [skédʒu(:)l] [스케줄]

⑲ 예정표.

choice [tʃɔis] [초이스]

⑲ 선택.

practice [prǽktis] [프랙티스]

⑲ 연습.

chance [tʃæns] [챈스]

⑲ 기회.

plan [plæn] [플랜] 명 계획.

level [lévəl] [레블] 명 수준.

schedule [skédʒu(ː)l] [스케줄] 명 예정표.

choice [tʃɔis] [초이스] 몡 선택.

practice [prǽktis] [프랙티스] 몡 연습.

chance [tʃæns] [챈스] 몡 기회.

제 3 일 복습

plan [plæn] [플랜] 명 계획.

---

level [lévəl] [레블] 명 수준.

---

schedule [skédʒu(:)l] [스케줄] 명 예정표.

---

choice [tʃɔis] [초이스] 명 선택.

---

practice [præktis] [프랙티스] 명 연습.

---

chance [tʃæns] [챈스] 명 기회.

동사

과거형 1

did [did] [디드]

동 do의 과거형.

could [kud] [쿠드]

동 can의 과거형.

went [went] [웬트]

동 go의 과거형.

came [keim] [케임]

동 come의 과거형.

sat [sæt] [샛]

동 sit의 과거형.

stood [stud] [스투드]

동 stand의 과거형.

제1일 따라쓰기

년   월   일

did [did] [디드] 통 do의 과거형.

could [kud] [쿠드] 통 can의 과거형.

went [went] [웬트] 통 go의 과거형.

동사 **45**

came [keim] [케임] 동 come의 과거형.

sat [sæt] [샛] 동 sit의 과거형.

stood [stud] [스투드] 동 stand의 과거형.

did　[did]　[디드]　⑧ do의 과거형.

---

could　[kud]　[쿠드]　⑧ can의 과거형.

---

went　[went]　[웬트]　⑧ go의 과거형.

---

came　[keim]　[케임]　⑧ come의 과거형.

---

sat　[sæt]　[샛]　⑧ sit의 과거형.

---

stood　[stud]　[스투드]　⑧ stand의 과거형.

과거형 2

began [bigǽn] [비갠]

동 begin의 과거형.

made [meid] [메이드]

동 make의 과거형.

found [faund] [파운드]

동 find의 과거형.

held [held] [헬드]

동 hold의 과거형.

gave [geiv] [게이브]

동 give의 과거형.

took [tuk] [툭]

동 take의 과거형.

began [bigǽn] [비갠] ⑧ begin의 과거형.

made [meid] [메이드] ⑧ make의 과거형.

found [faund] [파운드] ⑧ find의 과거형.

held [held] [헬드] 동 hold의 과거형.

gave [geiv] [게이브] 동 give의 과거형.

took [tuk] [툭] 동 take의 과거형.

began [bigǽn] [비갠] 동 begin의 과거형.

made [meid] [메이드] 동 make의 과거형.

found [faund] [파운드] 동 find의 과거형.

held [held] [헬드] 동 hold의 과거형.

gave [geiv] [게이브] 동 give의 과거형.

took [tuk] [툭] 동 take의 과거형.

과거형 3

spoke [spouk] [스포크]
동 speak의 과거형.

said [sed] [세드]
동 say의 과거형.

told [tould] [톨드]
동 tell의 과거형.

heard [həːrd] [허드]
동 hear의 과거형.

saw [sɔː] [소]
동 see의 과거형.

got [ɡɑt] [갓]
동 get의 과거형.

spoke [spouk] [스포크] 통 speak의 과거형.

---

said [sed] [세드] 통 say의 과거형.

---

told [tould] [톨드] 통 tell의 과거형.

---

heard [hə:rd] [허드] 동 hear의 과거형.

---

saw [sɔ:] [소] 동 see의 과거형.

---

got [gɑt] [갓] 동 get의 과거형.

---

spoke [spouk] [스포크] 동 speak의 과거형.

said [sed] [세드] 동 say의 과거형.

told [tould] [톨드] 동 tell의 과거형.

heard [həːrd] [허드] 동 hear의 과거형.

saw [sɔː] [소] 동 see의 과거형.

got [gɑt] [갓] 동 get의 과거형.

형용사

형태

fit [fit] [핏]

⑲ 알맞은.

even [íːvən] [이븐]

⑲ 평탄한.

plain [plein] [플레인]

⑲ 명백한.

brief [briːf] [브리프]

⑲ 짧은.

less [les] [레스]

⑲ 보다 작은.

least [liːst] [리스트]

⑲ 가장 작은.

fit [fit] [핏] 형 알맞은.

even [íːvən] [이븐] 형 평탄한.

plain [plein] [플레인] 형 명백한.

brief [briːf] [브리프] ⑲ 짧은.

less [les] [레스] ⑲ 보다 작은.

least [liːst] [리스트] ⑲ 가장 작은.

fit　[fit]　[핏]　⑲ 알맞은.

even　[iːvən]　[이븐]　⑲ 평탄한.

plain　[plein]　[플레인]　⑲ 명백한.

brief　[briːf]　[브리프]　⑲ 짧은.

less　[les]　[레스]　⑲ 보다 작은.

least　[liːst]　[리스트]　⑲ 가장 작은.

선택

both [bouθ] [보스]
형 둘 다.

other [ʌ́ðər] [어더]
형 다른.

capable [kéipəbəl] [케이퍼블]
형 가능한.

complex [kəmpléks] [컴플렉스]
형 복잡한.

extra [ékstrə] [엑스트러]
형 별도의.

perfect [pə́ːrfikt] [퍼픽트]
형 완전한.

both [bouθ] [보스] 혱 둘 다.

other [ʌ́ðər] [어더] 혱 다른.

capable [kéipəbəl] [케이퍼블] 혱 가능한.

complex [kəmpléks] [컴플렉스] 휑 복잡한.

---

extra [ékstrə] [엑스트러] 휑 별도의.

---

perfect [pə́ːrfikt] [퍼픽트] 휑 완전한.

제 3 일 복습

both [bouθ] [보스] ⑱ 둘 다.

other [ʌ́ðər] [어더] ⑱ 다른.

capable [kéipəbəl] [케이퍼블] ⑱ 가능한.

complex [kəmpléks] [컴플렉스] ⑱ 복잡한.

extra [ékstrə] [엑스트러] ⑱ 별도의.

perfect [pə́ːrfikt] [퍼픽트] ⑱ 완전한.

Unit 14

부사

above [əbʌ́v] [어버브]

(부) 위에.

ahead [əhéd] [어헤드]

(부) 앞에.

around [əráund] [어라운드]

(부) 주위에.

across [əkrɔ́ːs] [어크로스]

(부) 건너에.

apart [əpáːrt] [어파트]

(부) 떨어져.

abroad [əbrɔ́ːd] [어브로드]

(부) 해외에.

above [əbʌ́v] [어버브] ㉒ 위에.

ahead [əhéd] [어헤드] ㉒ 앞에.

around [əráund] [어라운드] ㉒ 주위에.

across [əkrɔ́ːs] [어크로스] (부) 건너에.

---

apart [əpáːrt] [어파트] (부) 떨어져.

---

abroad [əbrɔ́ːd] [어브로드] (부) 해외에.

---

above [əbʌ́v] [어버브] 후 위에.

ahead [əhéd] [어헤드] 후 앞에.

around [əráund] [어라운드] 후 주위에.

across [əkrɔ́:s] [어크로스] 후 건너에.

apart [əpá:rt] [어파트] 후 떨어져.

abroad [əbrɔ́:d] [어브로드] 후 해외에.

감탄사

Hi [hai] [하이]
㉻ 안녕.

Hello [helóu] [헬로]
㉻ 안녕, 여보세요.

Bye [bai] [바이]
㉻ 잘 가.

Oh [ou] [오]
㉻ 야아.

Ah [ɑ:] [아]
㉻ 아아.

Welcome [wélkəm] [웰컴]
㉻ 어서 오세요, 환영합니다.

Hi   [hai] [하이] 감 **안녕.**

Hello   [helóu] [헬로] 감 **안녕, 여보세요.**

Bye   [bai] [바이] 감 **잘 가.**

Oh [ou] [오] 감 야아.

Ah [ɑ:] [아] 감 아아.

Welcome [wélkəm] [웰컴] 감 어서 오세요, 환영합니다.

Hi [hai] [하이] ㉧ 안녕.

Hello [helóu] [헬로] ㉧ 안녕, 여보세요.

Bye [bai] [바이] ㉧ 잘 가.

Oh [ou] [오] ㉧ 야아.

Ah [ɑ:] [아] ㉧ 아아.

Welcome [wélkəm] [웰컴] ㉧ 어서 오세요, 환영합니다.

테스트

✳ 아래의 단어를 영어는 우리말로, 우리말은 영어로 옮기시오.

① 제한시간은 10분입니다.
② 한 문제에 5점씩으로 100점 만점입니다.
③ 80점 이상 되어야 합니다.
④ 틀린 단어는 반드시 다시 외워야 합니다.

1 **watch** ➡ ....

2 **vacation** ➡ ....

3 **other** ➡ ....

4 **heard** ➡ ....

5 **hook** ➡ ....

6 **neighbor** ➡ ....

7 **memory** ➡ ....

8 **gave** ➡ ....

9 **went** ➡ ....

10 **necklace** ➡ ....

년   월   일

점 수

11 **Bye** ➡

12 **dining room** ➡

13 **picture** ➡

14 **around** ➡

15 **plan** ➡

16 완전한 ➡

17 **make**의 과거형 ➡

18 평탄한 ➡

19 거짓말 ➡

20 두뇌 ➡

찾아보기

최 종 수

서울에서 출생하여 연세대학교 국문학과를 졸업하였습니다. 연세대학교 한국어학당에서 한국어 강사를 지냈으며, 현재 도서출판 역민사 대표로 있습니다. 저서로는 〈가을빛에 지다〉, 〈WQ·EQ·IQ 테스트〉, 〈세계사 연대기〉 (공동편저) 등이 있습니다.

비 해피 영어단어 ⑥-1
- 초등학교 6학년용 쓰기 단어장 1 -

2004년 11월 30일 초판 1쇄 발행
엮은이 최종수
만든곳 YMS미디어
디자인 조승현

등록 2004. 1. 10. 서울 제 2-3912호
주소 100-013 서울 중구 충무로 3가 59-23
전화 2274-9411
팩스 2268-3619
e-mail ymsbp@yahoo.co.kr

ISBN 89-91077-17-X 63740

값 4,500원

테스트 정답

1 손목시계

2 방학

3 다른

4 hear의 과거형

5 갈고리

6 이웃

7 추억

8 give의 과거형

9 go의 과거형.

10 목걸이

11 잘 가

12 식당

13 그림

14 주위에

15 계획

16 perfect

17 made

18 even

19 lie

20 brain